Entdecke dein Immunsystem

Autumnus Verlag

In dieser Reihe sind bereits erschienen:

Entdecke die Evolution
Entdecke das Theater
Entdecke die Klassische Musik
Entdecke die Freiheit
Entdecke die Klassische Literatur
Entdecke die Antike
Entdecke dein Gedächtnis
Entdecke das Imkern
Entdecke das Pferd
Entdecke die Sprache der Zellen
Entdecke Karl Barth
Entdecke die vegetarische- und vegane Ernährung
Entdecke das Leben ohne Schule

Zur Autorin:
Dr. Julia Jellusova ist Junior Gruppenleiterin am BIOSS Zentrum für biologische Signalstudien in Freiburg und arbeitet an ihrer Habilitation an der Fakultät für Biologie der Albert Ludwigs Universität Freiburg..Sie widmet sich vor allem der Grundlagenforschung im Bereich der Immunologie und hofft, auch Nicht-Immunologen für die faszinierende Welt der B-Zellen zu begeistern. Zusätzlich zu ihrer wissenschaftlichen Arbeit, schreibt sie auch gern für Kinder. Im Autumnus Verlag sind von ihr erschienen: „Maggies Reise ins Land der Unordnung“ und „Das nicht so ganz einfache Leben einer Prinzessin, die mit einem Drachen befreundet ist“

Julia Jellusova

Entdecke dein Immunsystem

4. Auflage

Covergestaltung: Haakon Auster
Illustrationen: Julia Jellusova
Printed in Europe
ISBN 978-3-944382-95-1
www.autumnus-verlag.de

INHALT

1. Kapitel:
Wie werden wir krank?

Wir leben in einer gefährlichen Welt. Viele der Gefahren kennst du bestimmt. Man muss aufpassen, dass man beim Überqueren der Straße nicht von einem Auto überfahren wird. Man muss sich vor dem bissigen Hund des Nachbarn in Acht nehmen. Und jedes Mal, wenn man kocht, muss man aufpassen, dass man nicht vergisst, den Herd auszumachen, damit nicht am Ende das ganze Haus abbrennt.

Aber viele der Gefahren, die uns umgeben, sind viel schwieriger zu erkennen als der bissige Hund oder das schnelle Auto. Manchmal, wenn du aus Versehen verdorbene Milch trinkst, wird dir übel. Manchmal, wenn du dich verletzt und die Wunde nicht gleich säuberst, wird die Haut um die Wunde herum rot und juckt. Und manchmal wirst du einfach krank. Bekommst Schnupfen und Husten und Fieber und musst das Wochenende zu Hause im Bett verbringen, statt mit den Freunden draußen zu spielen.

Hast du irgendwann schon mal darüber nachgedacht, wie seltsam das doch ist? Wieso macht alte Milch Bauchschmerzen? Wieso wird man plötzlich krank, wenn es doch einem noch gestern so gut ging?

All diese Dinge passieren, weil wir umgeben sind von Bakterien und Viren. Bakterien und Viren sind ganz kleine Lebewesen, die überall um dich herum leben. Sie sind so klein, dass du sie mit dem bloßen Auge nicht sehen kannst. Aber wenn du sie sehen könntest, würde es dich gruseln! Sie sind überall! Im Wasser, in der Erde, auf deinem Essen und sogar auf dir selbst! Millionen und Millionen tummeln sich um dich herum. Aber keine Angst - nicht alle sind böse. Die meisten Bakterien sind unsere Freunde. Sie helfen uns, Käse und Wurst herzustellen, abgestorbene Pflanzen in der Erde abzubauen, sie helfen uns sogar, unser Essen zu verdauen!

Aber einige Arten von Bakterien und Viren können uns krank machen. Es gibt viele unterschiedliche, die unterschiedliche Krankheiten verursachen können. Von den relativ harmlosen - wie ein einfacher Schnupfen - bis zu den wirklich gefährlichen wie zum Beispiel die Pest. Diese Bakterien und Viren werden wir von jetzt an „Krankheitserreger" nennen, damit wir sie von den guten Bakterien unterscheiden können. Obwohl die meisten Bakterien, die es auf der Welt gibt, uns nicht wirklich schaden, so gibt es von den bösen trotzdem ziemlich viele. Ihr Ziel ist es, in deinen Körper gelangen, durch die Nase, den Mund oder durch kleine Wunden in deiner Haut. Sie wollen rein, weil sie es bei dir schön und gemütlich haben und sich dort vermehren können. Am liebsten wollen sie viele neue Krankheitserreger in die Welt bringen und die dann überallhin verstreuen. Wenn sie also in deinen Körper gelangen, siedeln sie sich irgendwo an, wo es ihnen am besten gefällt, und fangen an sich zu vermehren. Sie machen Millionen neuer Kopien von sich, ohne Rücksicht auf dich und deinen Körper. Und das ist natürlich schlecht für dich und macht dich krank.

2. Kapitel

Wieso werden wir nicht häufiger krank?

Du fragst dich bestimmt, wieso du nicht häufiger krank wirst, wenn die Welt doch so voll von Krankheitserregern ist. Nun, es ist so, dass unser Körper eine kleine Armee besitzt, die uns beschützt. Diese Armee besteht aus verschiedenen Zellen und heißt: das Immunsystem. Aber bevor wir über das Immunsystem sprechen, lass uns zuerst über Zellen reden.

Unser ganzer Körper setzt sich aus Zellen zusammen. So wie ein Haus aus Ziegeln aufgebaut ist, so ist unser ganzer Körper aus Zellen aufgebaut. Unsere Haut, unser Gehirn, Herz oder Magen - alles setzt sich aus Zellen zusammen. Eine einzelne Zelle ist aber so klein, dass man sie mit dem bloßen Auge nicht sehen kann. Wenn du dir also deine Hände anschaust, siehst du nur glatte Haut, obwohl die Haut aus Millionen von Zellen besteht.

Zellen bilden deine Haut und alles, was sich in deinem Körper befindet. Und Zellen können viele interessante Sachen machen. Oft spezialisieren sich Zellen auf eine bestimmte Aufgabe. Zum Beispiel die Zellen, die sich in deinen Augen befinden, können auf Licht reagieren und machen es dir dadurch möglich ,die Welt zu sehen. Zellen in deiner Leber können giftige Stoffe abbauen, und Zellen auf deiner Zunge können schmecken!

Alle Zellen in deinem Körper erfüllen fleißig ihre Aufgaben, sie sind so gut, dass du gar nicht merkst, wie viel sie jeden Tag für dich tun ...

Und um dich vor den Krankheitserregern zu beschützen, gibt

es die Zellen des Immunsystems. Diese Zellen haben es zur Aufgabe, Krankheitserreger zu erkennen und zu vernichten. Sie sind deine private Armee und schützen dich vor Krankheiten!

Viele dieser Zellen schwimmen im Blut und halten Ausschau nach Krankheitserregern. Das Blut fließt durch deinen ganzen Körper, und so bekommen die Zellen eine Chance , deinen Körper immer wieder nach Krankheitserregern abzusuchen.

Außerdem befinden sich viele dieser Zellen dort, wo es wahrscheinlich ist, dass die Krankheitserreger versuchen werden, in deinen Körper reinzukommen. Man findet sie zum Beispiel in der Darmwand für den Fall, dass unter den Bakterien, die du mit dem Essen verschluckt hast, auch Krankheitserreger mit dabei sind.

Manche der Zellen des Immunsystems befinden sich in der Schleimhaut in deiner Nase und dem Mund. Sie sorgen dafür, dass Krankheitserreger, die mit der Luft eingeatmet werden oder mit dem Essen in deinem Mund landen, rechtzeitig erkannt und bekämpft werden.

Manche der Zellen des Immunsystems tummeln sich unter den Zellen der Haut - für den Fall, dass du dich verletzt und Krankheitserreger durch die Wunde reinkommen wollen.

Und dann gibt es noch besondere Organe, in denen sich die Immunzellen gern versammeln, wie die Milz und die Lymphknoten - aber über die werden wir etwas später sprechen.

Zum Immunsystem gehören verschiedene Zellen. Lass sie uns jetzt alle einzeln kennenlernen:

Als erstes gibt es die Makrophagen. Die Aufgabe dieser Zellen ist es, vor allem Krankheitserreger zu finden und aufzufressen. Nun können die Makrophagen aber nicht überall gleichzeitig sein.

Der Körper ist im Vergleich zu den Zellen groß, und es könnte leicht passieren, dass die Makrophagen nicht schnell genug merken, dass Krankheitserreger in den Körper eingedrungen sind. Und eh man es sich versieht, liegt man krank im Bett.

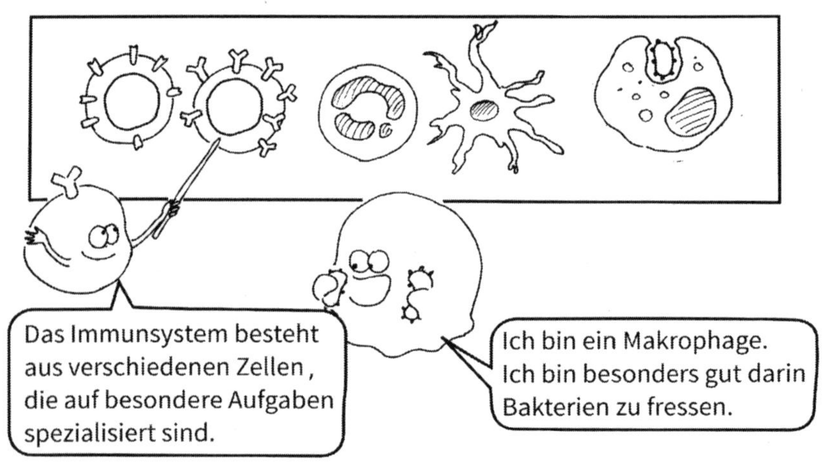

Glücklicherweise sind Makrophagen aber nicht die einzigen Zellen, die uns beschützen.

Es gibt auch noch die Lymphozyten. Von diesen gibt es zwei Sorten, die B- und T-Lymphozyten, die man auch B- und T-Zellen nennt.

Die Hauptaufgabe der B-Zellen ist es, Antikörper zu produzieren. Antikörper sind Proteine, die sich an Krankheitserreger anheften können. Wenn eine B-Zelle einen Krankheitserreger sieht, fängt sie an, Antikörper zu produzieren, die genau auf diesen einen Krankheitserreger abgestimmt sind. Sie bleiben an nichts anderem kleben, nur an Krankheitserregern von diesem einen Typ.

Die B-Zelle erzeugt sehr viele von diesen Antikörpern auf einmal und lässt sie vom Blut überall im Körper verteilen. Falls es also im Körper mehr von diesen Krankheitserregern gibt, werden sie mit Antikörpern markiert, auch wenn sie sich noch so sehr versuchen zu verstecken.

Das Markieren von Krankheitserregern mit Antikörpern erfüllt verschiedene Zwecke. Einerseits kann es helfen, die Krankheitserreger daran zu hindern, in Zellen einzudringen. Denn es ist so: Manchen Krankheitserregern reicht es nicht, innen im Körper zu sein, sie wollen in deine Zellen eindringen!

Verschiedene Arten von Krankheitserregern versuchen, in Zellen einzudringen, weil sie sich nur dort vermehren können. Aber wir wollen natürlich nicht, dass sich die Krankheitserreger vermehren. Wenn Antikörper sich an Krankheitserreger binden, wird es für sie schwieriger, in Zellen einzudringen.

Du kannst dir das so vorstellen, als ob du versuchen würdest, in ein Haus reinzukommen, dann aber wirst du plötzlich von allen Katzen der Nachbarschaft angefallen, die dich daran hindern, durch die Tür zu kommen. Sie krallen sich an deinen Armen und deinen Füßen fest. Setzen sich auf deinen Rücken und hängen von deinem Hals runter. Und so würdest du plötzlich einfach nicht mehr durch die Tür des Hauses passen und müsstest draußen bleiben.

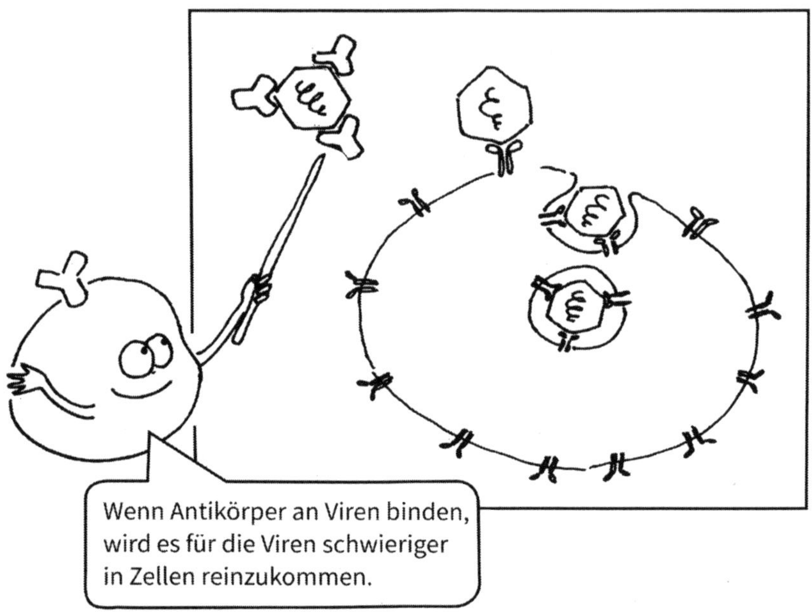

So ähnlich kann es den Krankheitserregern auch gehen - sie würden gern in eine Zelle reinkommen, aber plötzlich bleiben an ihnen Antikörper hängen, und sie kommen einfach nicht mehr in die Zelle rein.

Antikörper haben auch noch andere Funktionen, wenn sie an Krankheitserregern haften bleiben: Sie dienen als Markierung für die Zerstörung dieser. Die Zellen des Immunsystems haben nämlich eine schwere Aufgabe. Sie müssen Krankheitserreger finden, die aber nicht so einfach von guten Bakterien oder sogar den eigenen Zellen zu unterscheiden sind. Dann hilft es manchmal, wenn Dinge klar für die Zerstörung gekennzeichnet sind.

Und genau das tun die Antikörper. Du kannst dir das so vorstellen, als ob deine Mama durch das Haus gehen würde und alle Sachen, die rausgeschmissen werden sollen, mit kleinen Zettelchen beklebt.

Das würde es für dich viel einfacher machen zu entscheiden, was weg muss, um Ordnung zu machen.

Genauso funktioniert es bei den Antikörpern! Sie bleiben an Krankheitserregern kleben. Andere Zellen sehen das und versuchen, die Krankheitserreger zu vernichten. Makrophagen zum Beispiel fressen gerne Sachen, die mit Antikörpern markiert sind. Auch andere Zellen können Krankheitserreger dann schneller zerstören.

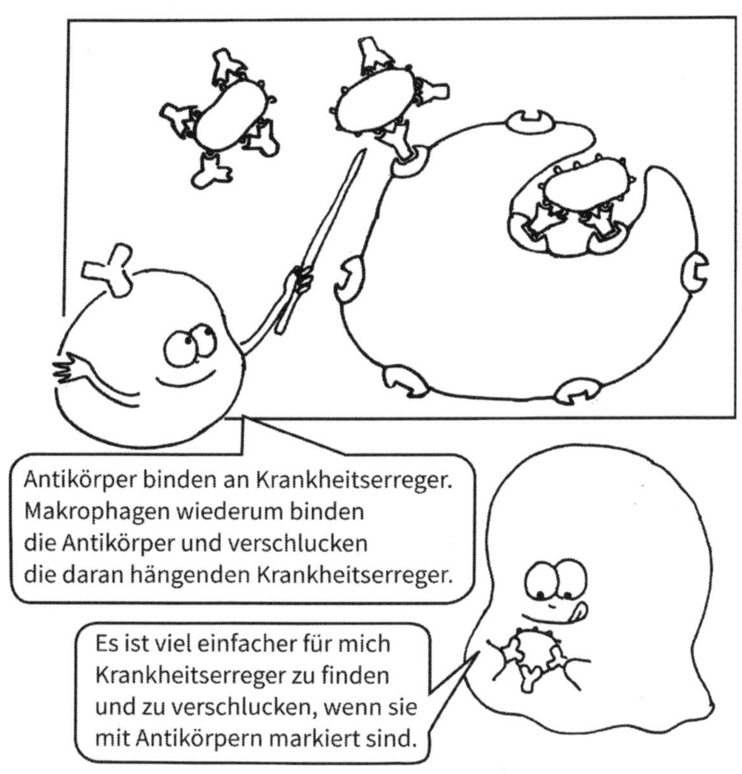

T-Zellen sind ebenfalls ein wichtiger Bestandteil des Immunsystems.

Sie können Stoffe freilassen, die Löcher in andere Zellen machen und zerstören damit kranke Zellen. Wenn deine Zellen mit einem Virus infiziert werden, können es die T-Zellen merken und zerstören die kranken Zellen. Das machen sie deshalb, weil sie wissen, dass die kranke Zelle Viren im Inneren hat und diese sich da vermehren wollen.

Wenn man die kranke Zelle in Ruhe lassen würde, würden sich bald ganz viele neue Viren in ihr bilden, die dann viele andere Zellen befallen. Die T-Zellen sorgen dafür, dass die Viren gestoppt werden, bevor das Ganze außer Kontrolle gerät. Und so müssen manchmal ein paar von deinen eigenen Zellen geopfert werden, um viele andere Zellen zu retten!

T-Zellen können außerdem noch andere erstaunliche Dinge. Sie schaffen es auch, Krebszellen zu erkennen.

Du hast bestimmt schon von Krebs gehört. Krebs ist eine Bezeichnung für verschiedene Krankheiten, bei denen eigene Zellen anfangen, unkontrolliert zu wachsen. Das kann an den verschiedensten Stellen im Körper passieren. Krebs kann sich in der Lunge bilden, im Darm, in der Haut, praktisch fast überall.

Diese Krankheit wird aber meistens nicht von Krankheitserregern verursacht. Es sind eigene Zellen, die einfach außer Kontrolle geraten. In einem gut funktionierenden Körper wissen alle Zellen genau, was sie machen sollen, wann sie sich teilen sollen und wann nicht.

Bei einer Krebszelle gerät aber die Information durcheinander, die ihr sagt, was sie zu machen hat, und so fängt die Zelle an sich zu vermehren und kann große Klumpen bilden, die Tumore genannt werden und lebensgefährlich sein können.

Das alles ist natürlich schlecht und der Körper versucht, sich dagegen zu wehren und Krebszellen zu vernichten, bevor sie viel Schaden anrichten können. T-Zellen können helfen, Krebszellen zu beseitigen, sie schaffen es zu erkennen, welche Zellen gefährlich sind und vernichten dann diese.

Außer den T-Zellen, den B-Zellen und den Makrophagen gibt es noch viele andere Zellen im Immunsystem wie zum Beispiel

- die dendritischen Zellen
- die Granulozyten
- die Mastzellen

Diese Zellen haben oft zur Aufgabe, die anderen Zellen bei ihrer Arbeit zu unterstützen. Dendritische Zellen können zum Beispiel Krankheitserrger fressen, sie in kleine Stücke schneiden und sie dann den T-Zellen zeigen. Dadurch wissen die T-Zellen, dass es im Körper Krankheitserreger gibt und können sich auf den Kampf vorbereiten.

Granulozyten und Mastzellen können Stoffe ausscheiden, die anderen Immunzellen zu dem Ort locken, wo sich die Krankheitserreger befinden. Sie können aber auch Stoffe ausscheiden, die den Krankheitserregern direkt schaden.

Unser Immunsystem funktioniert deshalb so gut, weil all diese Zellen zusammenarbeiten und gemeinsam dafür sorgen, dass wir uns erfolgreich gegen die verschiedensten Krankheitserreger wehren können.

3. Kapitel:

Können sich die Zellen des Immunsystems miteinander unterhalten?

Die einzelnen Zellen des Immunsystems arbeiten nicht alleine, sie können sich praktisch miteinander unterhalten! Auch wenn das natürlich nicht so funktioniert wie wenn sich Menschen unterhalten, können Zellen doch Informationen untereinander austauschen.

Wenn zum Beispiel die dendritischen Zellen den T-Zellen Bruchstücke von Krankheitserregern zeigen, so wollen sie sie darauf hinweisen, dass es im Körper etwas Gefährliches gibt.

Die T-Zellen können sich auch mit den B-Zellen unterhalten und tauschen Signale darüber aus, wenn sie etwas Gefährliches sehen. Um sich so „unterhalten" zu können, müssen die Zellen oft nah genug zu einander sein, deshalb gibt es Orte im Körper, wo die Zellen des Immunsystems immer wieder hingehen und deshalb auch auf viele andere Zellen treffen.

Beliebte Organe für die Immunzellen, um sich zu treffen, sind die Milz und die Lymphknoten. Die Lymphknoten findest du überall im Körper. Ein paar Lymphknoten hast du am Hals, ein paar unter der Achselhöhle, einige sind in der Nähe von deinem Darm.

Außer durch direkten Kontakt können sich die Zellen auch Nachrichten senden, indem sie verschiedene Stoffe freisetzen. Diese Stoffe können zum Beispiel den anderen Zellen sagen, dass etwas Schlechtes im Körper passiert und ihnen ebenfalls den Weg dahin zeigen.

Mit Hilfe von verschiedenen Rezeptoren unterhalten sich die Zellen des Immunsystems. Das ist wichtig, um sicher zu stellen, dass das Immunsystem Krankheitserreger angreift, aber harmlose Dinge wie die eigenen Zellen, Staub oder das Essen nicht für gefährlich hällt.
Es ist gut wenn,wir uns unterhalten. Dann machen wir weniger Fehler!

4. Kapitel:

Woher wissen die Zellen des Immunsystems, was böse ist?

Die Zellen unseres Immunsystems sind ziemlich gut darin, zwischen Krankheitserregern und harmlosen Dingen zu unterscheiden. Obwohl die Zellen des Immunsystems von unseren eigenen Zellen umgeben sind, greifen sie diese nicht an. Nun denkst du dir vielleicht: Natürlich tun sie das nicht. Das wäre auch zu dumm, wenn ich mich selbst angreifen würde.

Aber wenn du darüber länger nachdenkst, dann musst du schon zugeben, dass es erstaunlich ist! Woher wissen unsere Immunzellen, welche Zellen zum eigenen Körper gehören und welche nicht?

Stell dir die Situation einer B-Zelle vor. Sie schwimmt im Blut, umgeben von anderen B- und T-Zellen und den roten Blutkörperchen. Ab und zu stößt sie an die Wände der Blutgefäße, die aus Epithelzellen bestehen, und manchmal gelangt sie in die Milz, das Knochenmark oder die Lymphknoten und trifft dann wieder auf die verschiedensten Zellen. All diese Zellen, auf die die B-Zelle trifft, muss sie aber ignorieren. Und nicht nur das, die Zellen des Immunsystems müssen es nicht nur schaffen, körpereigene Zellen zu ignorieren, sondern sie sollten auch harmlose Substanzen - wie eingeatmeten Staub oder Essensreste in deinem Darm - nicht angreifen.

Die Zellen haben keine Augen und kein Gehirn, um zu untersuchen, was um sie herumschwimmt. Und ganz ehrlich, du selbst könntest auch nicht deine eigenen Zellen, gefährliche Bakterien

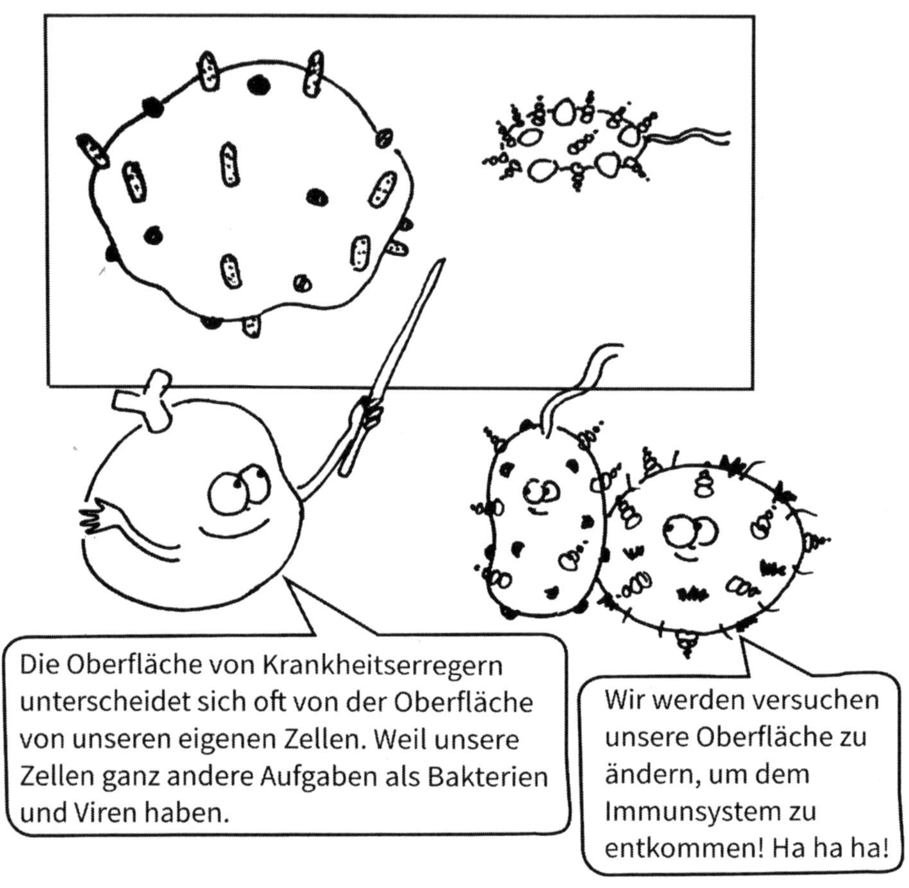

und Staubkörner voneinander unterscheiden, wenn du sie dir unter dem Mikroskop anschauen würdest, oder?

Also, wie kriegen es jetzt die Immunzellen hin? Um das zu verstehen, müssen wir uns als allererstes darüber unterhalten, wie Zellen und Bakterien von außen aussehen. Alles, was innen und außen an Zellen, Bakterien und Viren ist, ist aus verschiedenen Lipiden, Proteinen und Sacchariden gemacht. Ähnlich wie Häuser, die aus Steinen, Holz und Zement gebaut sind, müssen Zellen auch aus irgendwelchen Stoffen aufgebaut werden.

Verschiedene Zellen, Viren und Bakterien können sich in ihrem Aufbau stark voneinander unterscheiden, abhängig davon, welche Funktion sie haben. Ein Bakterium, das zum Beispiel mit deinem Essen in deinen Darm gelangen will, muss fähig sein, die saure Umgebung deines Magens zu überleben.

Und ein Virus, das durch die Luft schwebt, muss darauf gefasst sein, dass es manchmal sehr kalt oder sehr warm werden kann. Entsprechend sind die Bakterien und Viren oft anders aufgebaut als unsere eigenen Zellen. Die Proteine, Lipide und Saccharide auf ihrer Oberfläche unterscheiden sich oft von unseren eigenen. Unsere Immunzellen haben gelernt, sich das zunutze zu machen. Sie haben auf ihrer Oberfläche Rezeptoren, die verschiedene Stoffe binden können. Du kannst dir das so vorstellen, als ob die Rezeptoren so ähnlich wie Hände wären, die aber nur bestimmte Dinge anfassen und erkennen können.

Wann immer die Zellen also auf etwas Neues treffen, tasten sie es mit diesen Händen/Rezeptoren ab und suchen nach Stoffen, die vor allem von Bakterien oder Viren produziert werden. Falls sie sie finden, wird das Immunsystem aktiviert und greift an. Falls die Oberfläche des fremden Objektes diese Stoffe nicht enthält, wird das Objekt in Ruhe gelassen.

Stell dir das zum Beispiel so vor, dass du mit verbundenen Augen in einen Raum gebracht wirst und sagen sollst, ob es in dem Raum Haustiere gibt. Du weißt, dass viele Haustiere ein weiches Fell haben, also würdest du herumgehen und alle Dinge anfassen, bis du etwas mit weichem Fell findest: Das ist der schlafende Hund! Du würdest die Stühle, den Tisch und Blumen ignorieren, weil keines von denen ein weiches Fell hat.

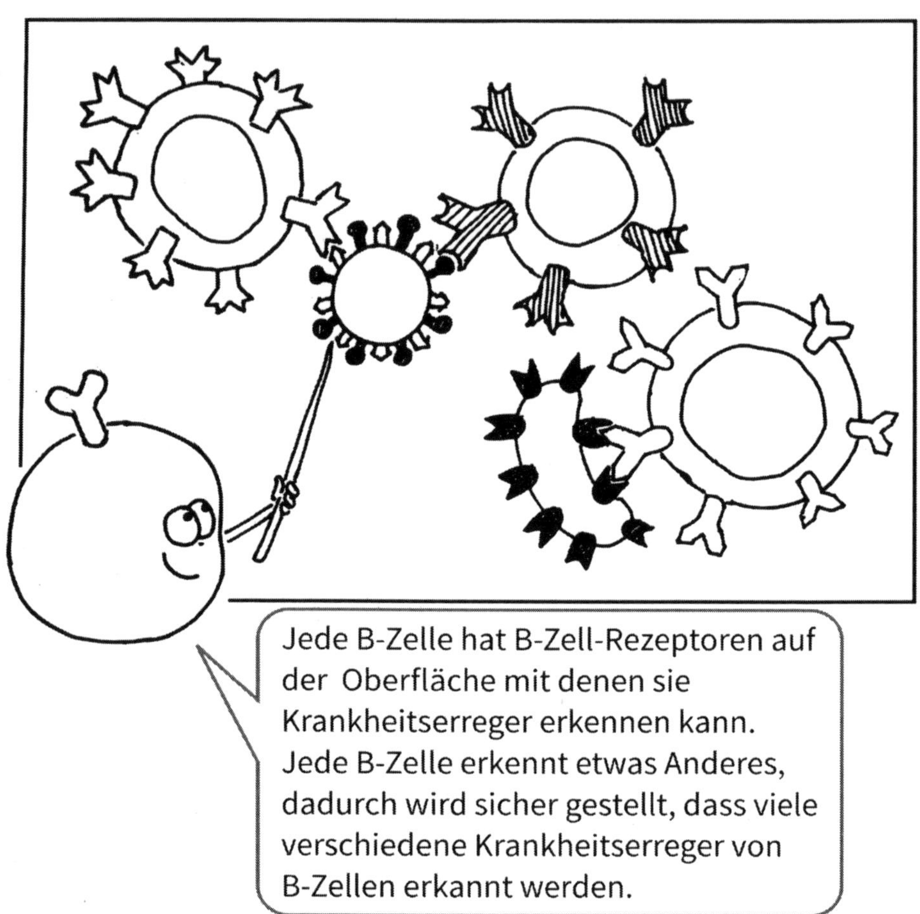

So ähnlich machen es die Zellen des Immunsystems, ihre Rezeptoren tasten alle Objekte ab und warnen die Zelle nur dann, wenn sie etwas finden, wovon sie wissen, dass es sich oft auf der Oberfläche von Krankheitserregern befindet.

Aber das ist nicht die ganze Geschichte. Bakterien und Viren haben es natürlich im Laufe der Zeit auch gemerkt, dass sie vom Immunsystem der Menschen angegriffen werden. Deshalb verkleiden sie sich! Sie versuchen, ihre Oberfläche so abzuändern, dass sie den anderen Krankheitserregern nicht ähnlich sehen. Sie kommen mit immer neuen Verkleidungen an, indem sie ihre Proteine, Lipide und Saccharide auf der Oberfläche ändern, so dass die Immunzellen sie nicht erkennen.

Das Erstaunliche ist, dass das Immunsystem auch darauf vorbereitet ist. Und hier spielen die T- und B-Zellen eine besonders wichtige Rolle. Diese Zellen haben spezielle Rezeptoren: die T-Zell-Rezeptoren und die B-Zell-Rezeptoren. Das besondere an diesen Rezeptoren ist, dass jede einzelne T- und B-Zelle einen anderen Rezeptor hat. Stell dir das mal vor! Es gibt Millionen und Millionen von T- und B-Zellen in deinem Körper - und jede hat einen anderen Rezeptor. Und jeder Rezeptor kann etwas anderes erkennen. Das ist so, als ob du nur das Fell von Katzen mit deinen Händen erkennen könntest, und jemand neben dir könnte die stacheligen Nadeln von Kakteen erkennen und jemand anderes glatte Glasoberflächen. Wenn ihr alle in einem Raum wärt, wärst du gut darin nach Tieren zu suchen, die zweite Person wäre zwar unfähig, nach Tieren zu suchen, könnte aber Kakteen finden und die dritte Person könnte Gläser finden.

So ähnlich ist es auch bei den B-Zellen und T-Zellen. Jede einzelne kann einen bestimmten Stoff erkennen. So kann eine B-Zelle zum Beispiel das Grippenvirus erkennen, reagiert aber nicht auf das Pockenvirus. Und eine andere B-Zelle kann das Pockenvirus erkennen, reagiert aber auf nichts anderes.

Wenn die B- und T-Zellen dann ihren Krankheitserreger finden, werden sie aktiviert und fangen an, sich so schnell wie nur möglich zu vermehren. Sie erzeugen dabei neue Zellen, die komplett identisch zueinander sind und denselben Krankheitserreger erkennen. Erkennt also eine B-Zelle zum Beispiel das Pockenvirus, fängt sie an, sich so schnell wie möglich zu vermehren.

Innerhalb von wenigen Tagen gibt es dann Millionen an B-Zellen, die das Virus erkennen und die Infektion bekämpfen können.

Dadurch, dass es aber ursprünglich in unserem Körper so viele verschiedene B-Zellen gibt, stellt der Körper sicher, dass wir gegen ganz viele verschiedene Krankheitserreger kämpfen können.

5. Kapitel:

Wieso greifen Immunzellen unseren eigenen Körper nicht an?

Im Körper gibt es viele Millionen an B-Zellen mit verschiedenen B-Zell Rezeptoren. Diese Rezeptoren werden auf eine zufällige Art und Weise hergestellt. Normalerweise, wenn eine Zelle etwas herstellen will - zum Beispiel verschiedene Proteine, die ihr helfen sollen, sich zu bewegen, oder Proteine, die ihr helfen sollen, Nährstoffe aufzunehmen - gibt es eine genaue Anleitung, wie die Proteine hergestellt werden.

Informationen über alles, was die Zelle produzieren muss, liegen in ihrer DNA, die jede Zelle im Inneren aufbewahrt. Du kannst es dir so vorstellen, als ob jede Zelle ihre eigene Bücherei hätte, in der genau drinsteht, wie Sachen hergestellt werden.

Genauso wie du in eine Bücherei gehen und ein Buch darüber lesen kannst, wie Stühle gefertigt oder wie Torten gebacken werden, können Zellen ihre DNA lesen und erfahren, wie verschiedene Proteine gemacht werden.

Jede Zelle in deinem Körper hat dieselbe DNA, das heißt, jede Zelle kann alle Informationen lesen, auch wenn sie das die meiste Zeit nicht tut.

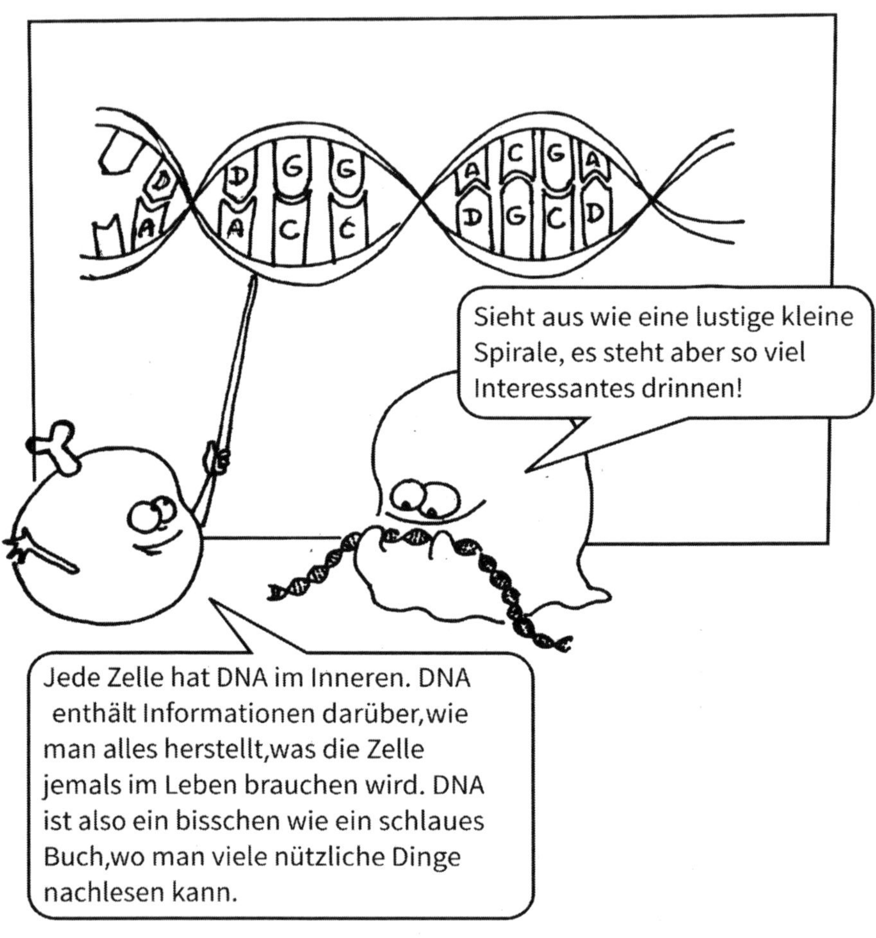

Zellen deines Immunsystems haben die Information, wie man lichtempfindliche Proteine macht - diese Information verwenden sie aber nie, denn die Zellen des Immunsystems brauchen diese Proteine nicht.

Im Gegensatz dazu brauchen Zellen in deinen Augen unbedingt lichtempfindliche Proteine, um dir zu helfen, die Welt zu sehen, sie brauchen aber keine Proteine, um Krankheitserreger bekämpfen zu müssen. Das ist genauso, wie wenn ein Bäcker und ein Automechaniker dieselben Bücher besitzen: Der Bäcker wird trotzdem viel häufiger Bücher über das Backen von Torten lesen als der Automechaniker, und der Automechaniker wird häufiger Bücher über das Reparieren von Autos lesen als Bücher über das Backen von Kuchen. Genauso ist es bei Zellen: Je nachdem, welche Proteine sie benötigen, lesen sie manche Information und manche nicht.

Jedes Protein, das die Zelle braucht, ist sehr genau in der DNA beschrieben, denn die Zelle will sichergehen, dass alles immer gut klappt und dass sie keine schlecht funktionierenden Proteine herstellt.

Bei den B- und T-Zell-Rezeptoren ist das anders! Da es Millionen von verschiedenen Rezeptoren gibt, müsste es riesige Mengen an DNA geben, um Informationen über jeden der einzelnen Rezeptoren zu speichern.

Das wäre natürlich unpraktisch, so viel DNA mit sich herumzuschleppen, wo doch jede Zelle nur einen einzigen Rezeptor produzieren will.

Deshalb haben sich die Zellen des Immunsystems etwas Schlaues ausgedacht. Die Rezeptoren bestehen aus Teilen, die zufällig zusammengewürfelt werden, und die Kombination dieser einzelnen Teile fertigt dann den neuen Rezeptor. Dadurch muss die DNA nur die Information für die einzelnen Teile enthalten, aber durch die verschiedenen Kombinationen können viele unterschiedliche Rezeptoren hervorgebracht werden.

Aber: Dieser Prozess ist ziemlich unorganisiert. Die Zelle kombiniert die Teile ganz zufällig, und deshalb kann es auch vorkommen, dass Rezeptoren gemacht werden, die gegen die eigenen Körperzellen gebildet werden.

Das ist natürlich schlecht. Immunzellen, die Rezeptoren tragen, die unseren eigenen Körper erkennen, wollen wir nicht haben, denn sonst würde unser Immunsystem uns selbst angreifen.

Deshalb gibt es verschiedene Wege, wie diese Zellen zerstört werden. Einer der Mechanismen geht so: Wenn eine neue B- oder T-Zelle entsteht und ihr Rezeptor sich an irgendetwas bindet, dann wird diese Zelle zerstört.

Dein ganzes Leben lang werden neue B- und T-Zellen erstellt. Dein ganzes Leben lang hast du also einige Zellen, die ganz jung sind, und einige schon etwas ältere. Die jungen und alten Zellen verhalten sich komplett anders, wenn ihre Rezeptoren etwas erkennen. Wenn B- und T-Zellen noch ganz jung sind und an ir-gendetwas binden, werden sie zerstört. Warum? In dem Moment, in dem deine B-Zellen und T-Zellen entstehen, treffen sie als allererstes auf deine eigenen Zellen.

Du kannst dir das so vorstellen: Die B-Zellen entstehen im Knochenmark. Eine junge B-Zelle trifft also zuerst auf Zellen des Knochenmarks. Dann wird sie in das Blut entlassen, dort begegnet sie anderen Blutzellen. Sie schwimmt an Organen vorbei und endet in der Milz. Auf ihrer Reise durch den Körper trifft sie auf viele Zellen deines Körpers. Wenn sie auf diese Zellen reagiert, wird sie selbst vernichtet. Sie startet dabei einen Vorgang, der dazu führt, dass sie stirbt. Diesen Vorgang nennt man Apoptose.

Die Zelle opfert sich selbst, um zu verhindern, dass dein Körper zu Schaden kommt.

Junge B-Zellen sterben also, wenn ihre Rezeptoren etwas erkennen. Ganz anders die B-Zellen, die etwas älter sind!

Diese Zellen sterben nicht, wenn ihre Rezeptoren etwas erkennen. Sie hatten ja genug Zeit, die Zellen deines Körpers kennenzulernen, und da sie es geschafft haben, durch deinen Körper zu kreisen, ohne vernichtet zu werden, bedeutet es, dass ihre

Rezeptoren nicht gegen deine eigenen Zellen gerichtet sind. Und wenn sie dann aber später auf einen Stoff treffen, den sie binden können, sehen sie es als einen Feind an, der zerstört werden muss.

Da das, was sie erkennen, am Anfang nicht im Körper war, ist es wahrscheinlich etwas Gefährliches und muss vernichtet werden. Wenn ältere B-Zellen mit ihren Rezeptoren etwas erkennen, beginnen sie also, sich zu vermehren und Antikörper zu bilden.

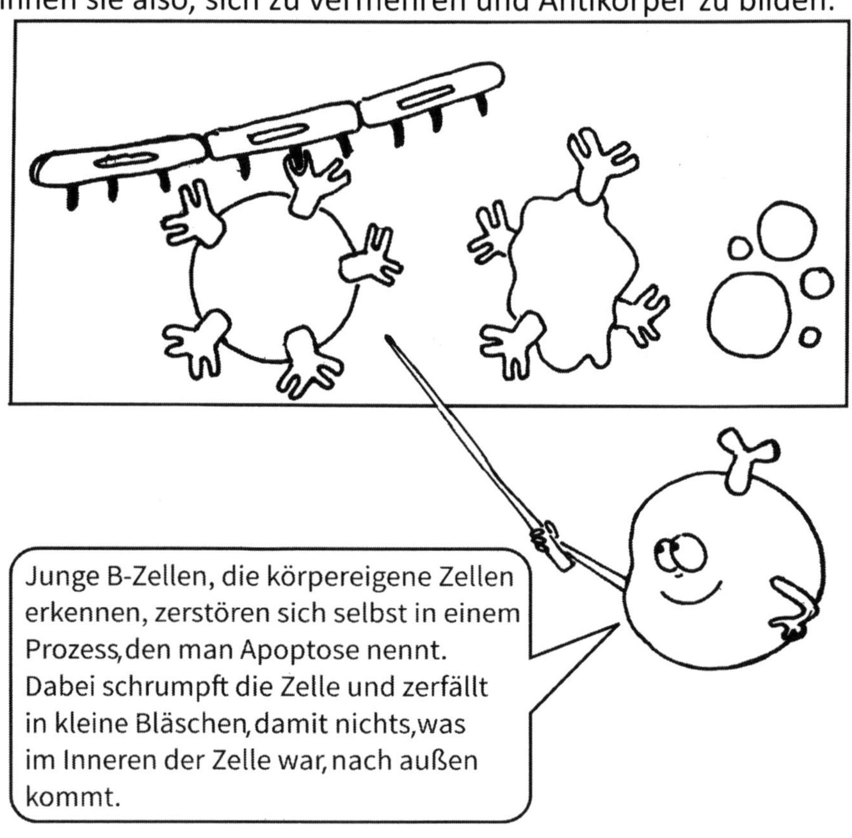

Dadurch, dass junge B- und T-Zellen zerstört werden, wenn sie etwas erkennen, werden viele schädliche Zellen aus dem Körper entfernt. Das reicht aber nicht aus, um sicherzugehen, dass dein Immunsystem dich selbst nicht angreift. Dein Körper hat noch viele andere Wege, damit das Immunsystem keine Fehler macht.

Oft ist es zum Beispiel nötig, dass mehrere Zellen einen Krankheitserreger als etwas Böses erkennen. Du kannst es dir so vorstellen, als ob sich die Zellen deines Immunsystems darüber unterhalten würden, was sie sehen und nur, wenn mehrere damit einverstanden sind, dass sich etwas Böses im Körper befindet, fängt das Immunsystem an, dagegen zu kämpfen.

Wenn zum Beispiel eine B-Zelle etwas mit ihrem B-Zell Rezeptor bindet, sucht sie als erstes nach einer T-Zelle, die dasselbe erkennt. Erst, wenn sie diese Zelle findet, fängt sie an sich zu teilen und Antikörper zu erstellen.

6. Kapitel:

Was hilft unserem Immunsystem zu lernen?

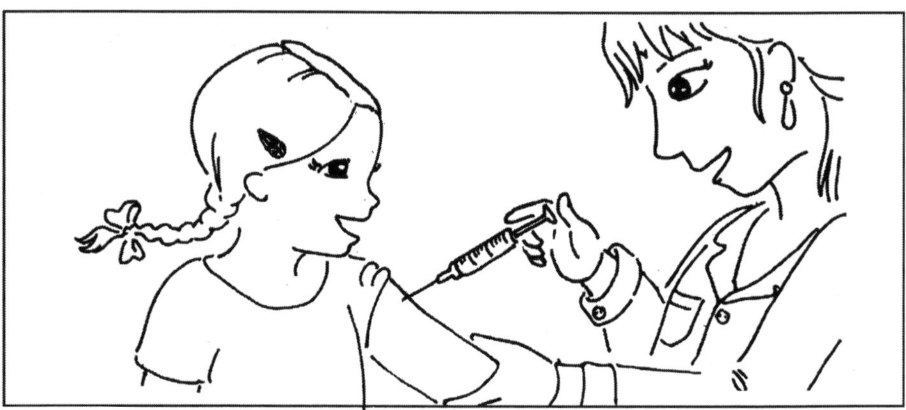

Du hast bestimmt schon mal von Impfungen gehört. Vielleicht warst du mal beim Arzt und hast eine Spritze bekommen und der Arzt hat dir erklärt, es würde dich vor Masern oder dem Keuchhusten schützen. Wie genau aber funktionieren die Impfungen?

Impfungen schützen uns vor Krankheiten, weil wir durch sie dem Immunsystem beibringen, welche Dinge für uns gefährlich sind. Wird jemand, der nicht immunisiert wurde, von dem Masernvirus befallen, müssen die B- und T-Zellen erstmal erkennen, dass das Virus da ist.

Dann haben sie die Aufgabe, sich ganz schnell zu vermehren, denn ein oder zwei Zellen könnten es nicht mit all den Viren aufnehmen, die schnell den Körper überschwemmen. Und dann müssen die B- und T-Zellen anfangen zu kämpfen, sie müssen Antikörper herstellen und sie in das Blut fließen lassen. Ihr Ziel: Die Viren finden und zerstören.

Das alles dauert natürlich sehr lange. Am Anfang gibt es nur sehr wenige B- und T-Zellen, die ein bestimmtes Virus erkennen können. Bis diese aber gemerkt haben, dass das Virus da ist und bis sie sich vermehrt haben, um gegen ihn kämpfen zu können, hat das Virus genug Zeit bekommen, viel Unfug zu treiben.

Wenn Viren in den Körper gelangen, fangen sie an, sich schnell zu vermehren. Dabei können sie deine eigenen Zellen kaputt machen, und du wirst krank.

Weil die Viren klein sind, viel kleiner als deine eigenen Zellen, schaffen sie es oft, sich schneller zu vermehren als deine B- und T-Zellen. Dann können sie dich krank machen, bevor es dein Immunsystem schafft, etwas dagegen zu unternehmen.

Was soll die Impfung?

Sie soll dein Immunsystem darauf vorbereiten, dass du irgendwann auf bestimmte Viren oder Bakterien treffen könntest. Denn es ist so, dass die B- und T-Zellen nicht die kompletten Bakterien und Viren zu sehen brauchen - ihnen reicht es schon, wenn sie ein kleines Stück sehen. Bei der Impfung bekommst du also kleine Stücke injiziert, die den Krankheitserregern ähnlich sehen.

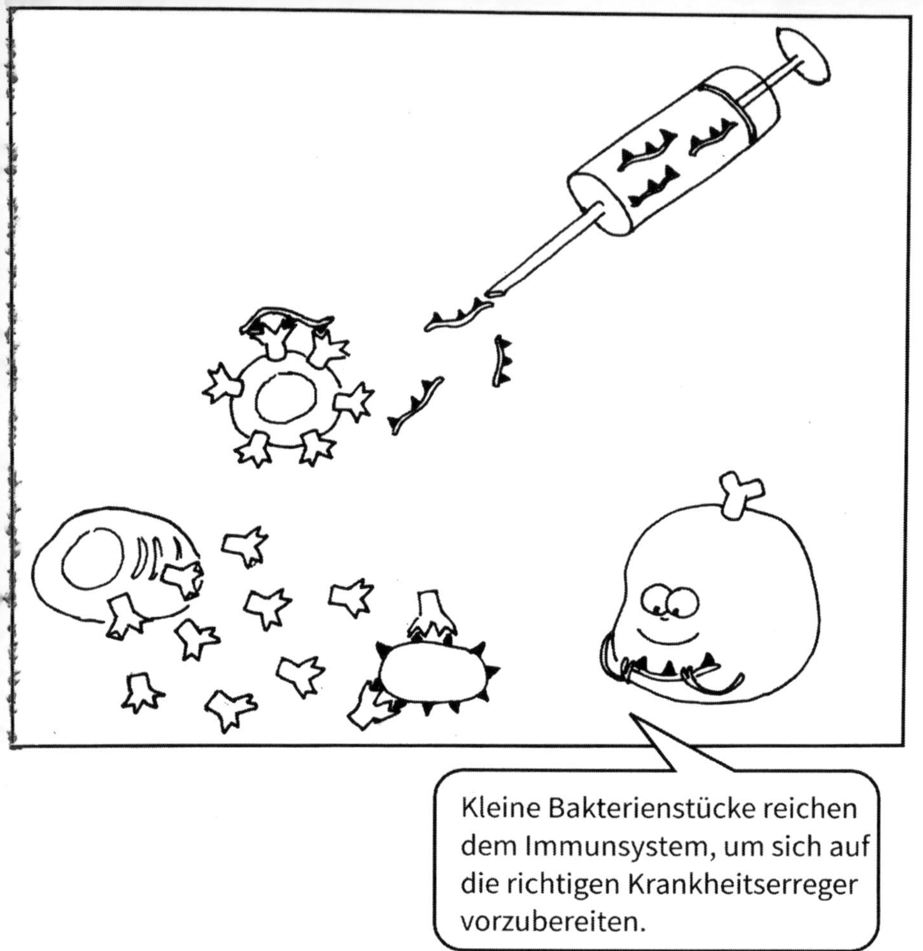

Dein Immunsystem wird aktiviert, B- und T-Zellen vermehren sich, sie stellen Antikörper her, obwohl der Virus noch nicht da ist. Natürlich bleiben die neu gemachten B- und T-Zellen und die Antikörper nicht für immer in deinem Blut. Sobald die kleinen Stücke, mit denen du immunisiert wurdest, aus deinem Körper weg sind, hört das Immunsystem langsam auf zu kämpfen und die neu gebildeten Zellen sterben langsam ab. Glücklicherweise werden aber jedesmal, wenn das Immunsystem aktiviert wird,

Zellen hergestellt, die dafür gedacht sind, dass sich dein Immunsystem daran erinnert, womit es früher mal kämpfen musste.

Diese Zellen werden die Gedächtniszellen genannt, und sie sorgen dafür, dass bei einer zweiten Infektion mit demselben Krankheitserreger alles viel schneller läuft.

Wenn du also immunisiert wirst, sorgen die Virenstücke dafür, dass dein Immunsystem aktiviert wird und Gedächtniszellen produziert werden. Solltest du dann irgendwann dem richtigen Virus begegnen, ist dein Körper bereit und kann sich viel schneller wehren.

Impfungen funktionieren so gut, dass es manche der Krankheiten, die die Menschen früher geplagt haben, jetzt gar nicht mehr gibt. So war zum Beispiel Polio (auch Kinderlähmung genannt) früher mal ein großes Problem. Manche der Leute, die daran erkrankt sind, wurden gelähmt, konnten später nicht mehr richtig gehen oder sind sogar gestorben. Aber dank der Impfung konnte das Polio-Virus lange schon niemanden krank machen - und diese Krankheit gibt es deshalb fast gar nicht mehr.

7. Kapitel

Was passiert, wenn das Immunsystem nicht richtig funktioniert?

Wenn das Immunsystem nicht richtig funktioniert, dann werden wir viel öfters krank. Du merkst vielleicht, dass kleine Kinder viel öfters krank werden als Erwachsene. Das liegt daran, dass ihr Immunsystem noch nicht komplett entwickelt ist und sie deshalb nicht so gut vor Krankheiten beschützen kann.

Es gibt aber auch viel schlimmere Fälle, wenn das Immunsystem schwere Probleme hat. Diese Menschen werden dann als immunodefizient bezeichnet und einfache Krankheiten, die anderen Leuten wenig ausmachen, können für diese Menschen tödlich enden. Manchmal wird man mit einem defekten Immunsystem geboren und manchmal geht das Immunsystem kaputt als Folge davon, dass man mit bestimmten Krankheitserregern befallen wurde. Zum Beispiel wenn man mit dem humanen immundefizienz-Virus (HIV) befallen wird, kann das eigene Immunsystem kaputt gehen. Dieses Virus befällt die T-Zellen und zerstört sie. Menschen, die mit HIV befallen wurden, haben dann wenige T-Zellen und können sich gegen andere Krankheiten nicht wehren.

Es gibt aber auch andere Probleme, die entstehen können, wenn das Immunsystem nicht richtig funktioniert. Autoimmune Erkrankungen oder Allergien werden ebenfalls vom Immunsystem verursacht. Bei diesen Erkrankungen liegt aber das Problem nicht darin, dass die Zellen des Immunsystems nicht stark genug

reagieren, sondern darin, dass sie reagieren, auch wenn sie es lieber nicht tun sollten.
Als autoimmune Erkrankungen bezeichnet man Erkrankungen, bei denen das Immunsystem die Zellen des eigenen Körpers angreift. Kennst du zum Beispiel jemanden, der Rheuma hat? Diese Krankheit verursacht Schmerzen in den Gelenken, die Leute mit dieser Krankheit können sich nicht gut bewegen und ihre Gelenke tun weh. Bei dieser Krankheit werden die Gelenke durch das eigene Immunsystem zerstört.

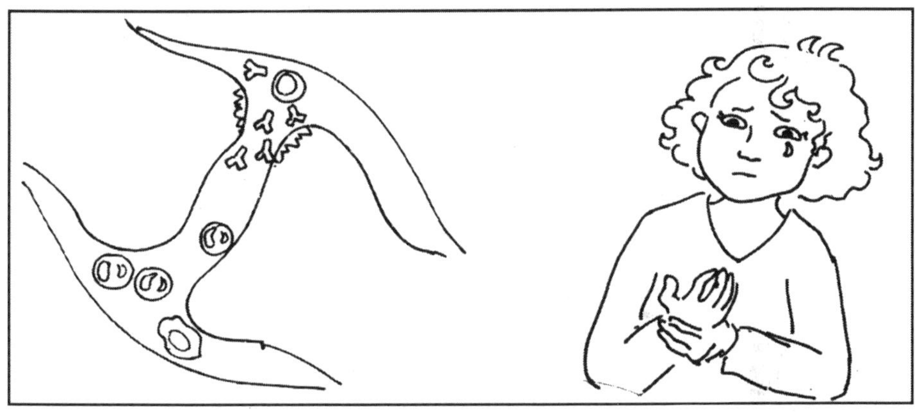

Es gibt viele verschiedene Krankheiten, bei denen verschiedene eigene Organe oder Zellen vom Immunsystem angegriffen werden, die dann beim Menschen viel Leid verursachen.
Ähnlich ist es bei Allergien. Wenn du allergisch bist, bedeutet das, dass dein Immunsystem gegen etwas zu kämpfen anfängt, was aber nicht gefährlich ist. Wie zum Beispiel Staub oder Pollen. Das kann sehr unangenehm werden: Deine Nase beginnt zu jucken, deine Augen schwellen an oder du musst ständig niesen. Es kann aber auch sehr gefährlich werden. Bei manchen Menschen reagiert das Immunsystem so stark auf bestimmte Stoffe, dass sie sogar sterben könnten, wenn man sie nicht schnell ins

Krankenhaus bringt. Du siehst also, wie wichtig es ist, dass das Immunsystem gut funktioniert!

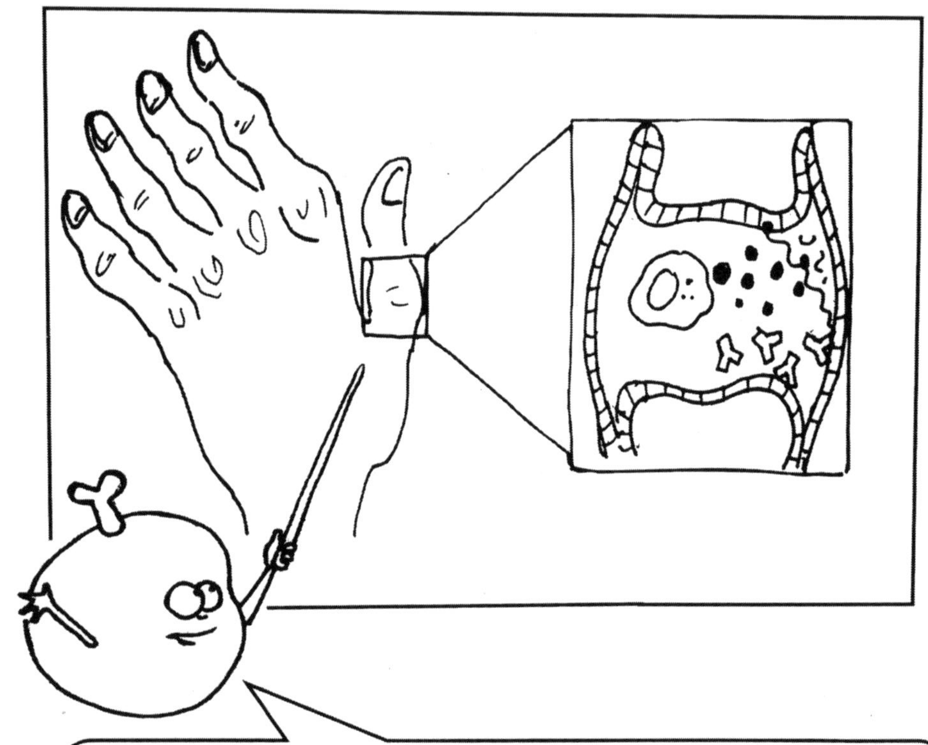

8. Kapitel:

Warum müssen wir das Immunsystem weiter erforschen?

Unser Immunsystem hat wirklich schwierige Aufgaben: Es muss uns einerseits vor Krankheitserregern schützen, andererseits darauf achten, unseren eigenen Körper nicht zu beschädigen.

Wir können unserem Immunsystem dabei helfen!

Dadurch dass wir Impfungen gegen neue Krankheiten entwickeln, machen wir es für das Immunsystem einfacher, diese Krankheiten zu bekämpfen.

Und wenn jemand eine starke allergische Reaktion auf etwas hat, kann er von Ärzten behandelt werden, die das Immunsystem beruhigen, damit es dem Menschen nicht mehr so schlecht geht.

Je mehr wir also über das Immunsystem wissen, desto besser können wir Medikamente entwickeln, die dem Immunsystem helfen, seine Arbeit zu machen, oder das Immunsystem stoppen, wenn es außer Kontrolle gerät.

Um zu verstehen, wie das Immunsystem funktioniert, gibt es Wissenschaftler, die sich darauf spezialisieren, das Immunsystem zu erforschen. Diese Wissenschaftler versuchen herauszufinden, wieso manche Leute Allergien entwickeln oder

Autoimmunkrankheiten bekommen und manche Leute nicht, wieso das Immunsystem manche Krankheiten besser bekämpfen kann als andere und was wir dafür tun können, unser Immunsystem bei seiner Arbeit zu unterstützen.

Es gibt noch so vieles, was wir über das Immunsystem nicht wissen, deshalb ist es wichtig weiterzuforschen!